BEI GRIN MACHT SICH IHR WISSEN BEZAHLT

- Wir veröffentlichen Ihre Hausarbeit,
  Bachelor- und Masterarbeit

- Ihr eigenes eBook und Buch -
  weltweit in allen wichtigen Shops

- Verdienen Sie an jedem Verkauf

Jetzt bei www.GRIN.com hochladen und kostenlos publizieren

Manuel Freudenstein

Erzbischof Anno II. von Köln. Der Aufstand des Jahres 1074 in Köln

GRIN Verlag

Bibliografische Information der Deutschen Nationalbibliothek:

Die Deutsche Bibliothek verzeichnet diese Publikation in der Deutschen National-
bibliografie; detaillierte bibliografische Daten sind im Internet über http://dnb.d-
nb.de/ abrufbar.

Dieses Werk sowie alle darin enthaltenen einzelnen Beiträge und Abbildungen
sind urheberrechtlich geschützt. Jede Verwertung, die nicht ausdrücklich vom
Urheberrechtsschutz zugelassen ist, bedarf der vorherigen Zustimmung des Verla-
ges. Das gilt insbesondere für Vervielfältigungen, Bearbeitungen, Übersetzungen,
Mikroverfilmungen, Auswertungen durch Datenbanken und für die Einspeicherung
und Verarbeitung in elektronische Systeme. Alle Rechte, auch die des auszugsweisen
Nachdrucks, der fotomechanischen Wiedergabe (einschließlich Mikrokopie) sowie
der Auswertung durch Datenbanken oder ähnliche Einrichtungen, vorbehalten.

Impressum:

Copyright © 2013 GRIN Verlag GmbH
Druck und Bindung: Books on Demand GmbH, Norderstedt Germany
ISBN: 978-3-656-84198-2

Dieses Buch bei GRIN:

http://www.grin.com/de/e-book/280479/erzbischof-anno-ii-von-koeln-der-aufstand-
des-jahres-1074-in-koeln

GRIN - Your knowledge has value

Der GRIN Verlag publiziert seit 1998 wissenschaftliche Arbeiten von Studenten, Hochschullehrern und anderen Akademikern als eBook und gedrucktes Buch. Die Verlagswebsite www.grin.com ist die ideale Plattform zur Veröffentlichung von Hausarbeiten, Abschlussarbeiten, wissenschaftlichen Aufsätzen, Dissertationen und Fachbüchern.

Besuchen Sie uns im Internet:

http://www.grin.com/

http://www.facebook.com/grincom

http://www.twitter.com/grin_com

Universität Siegen

Proseminar „Der Investiturstreit"
Sommersemester 2013

Fakultät I

Erzbischof Anno II. von Köln (1056-1075) und der Aufstand des Jahres 1074 in Köln

Eine Hausarbeit von:

Manuel Freudenstein
2. Fachsemester

BaLa, HRGe, Geschichte und Englisch

Inhaltsverzeichnis:

1. Einleitung - Einführung in das Thema:

Die Lebens- und Wirkungszeit des Erzbischofs Anno II. von Köln fiel in das 11. Jahrhundert. Es ist ein Jahrhundert, welches vor allem vom so genannten Investiturstreit geprägt wurde. Der Streit zwischen den weltlichen Mächten, repräsentiert durch den König und späteren Kaiser Heinrich IV. (1056-1105) aus der Salierdynastie, und den geistlichen Mächten, bei denen Papst Gregor VII. (1073-1085) an vorderster Stelle stand, entbrannte, weil beide Seiten ihre Macht und die Macht ihrer „Institution" über die des Anderen stellen wollten und sich beide von Gott dafür berufen fühlten.

Papst Gregor VII. handelte ganz im Sinne der Kirchenreform. Die Ziele dieser Reform beinhalteten die Abschaffung von Simonie, Nikolaitismus und der Laieninvestitur, sowie die eindeutige Vormachtstellung der Kirche gegenüber den weltlichen Mächten. Diese Forderungen waren nicht ohne Grund Bestandteil der Kirchenreform, da der Streit zwischen König und Papst auch deshalb eskalierte, weil Heinrich IV. als Laie ohne Kenntnis des Papstes, einen neuen Mailänder Bischof einsetzte. Daraufhin belegte Papst Gregor VII., Heinrich IV. mit dem Kirchenbann und mit ihm alle seine Untertanen.

Höhepunkt dieses weltbewegenden Disputs war der berühmte Bußgang von Canossa im Winter 1076/1077. In diesem Winter überquerte Heinrich IV. gezwungenermaßen die Alpen und zog nach Italien, um beim Papst Buße zu tun, damit dieser ihn vom Kirchenbann lossagt, denn sonst würde Heinrich aufgrund eines Beschlusses der Fürsten seine Macht verlieren.

Drei Tage und Nächte, so berichtete der Chronist Lampert von Hersfeld[1], harrte Heinrich IV. im Büßergewand vor den Toren Canossas aus, bis der Papst ihn empfing und ihn vom Bann lossprach, sodass er sein königliches Amt weiterhin ausführen konnte. Diese Vorgänge lösten eine Vielzahl unterschiedlicher Reaktionen in akademischen Kreisen aus. Viele Geschichtswissenschaftler interpretieren den Bußgang als Schwäche, Andere sehen darin einen geschickten Schachzug von Heinrich IV., um seine Machtbefugnisse zu behalten.

Neben dem Investiturstreit drückte der Krieg zwischen dem salischen König und den aufständischen Sachsen diesem Jahrhundert seinen Stempel auf.

Geschichtswissenschaftlich gesehen ist das 11. Jahrhundert eine Art Übergangsphase vom Frühmittelalter zum Spätmittelalter Europas.

In diesem historischem Rahmen liegt also das Leben und Wirken des Erzbischofs von Köln.

---

1   Annalen von Lampert von Hersfeld, Seite 407

Anno wurde vermutlich im Jahre 1010 in einem kleinen Ort in Schwaben geboren[2] und starb 1075 in Köln[3].

Diese wissenschaftliche Hausarbeit versucht die Person Annos zu erforschen. Wie konnte ein Mitglied einer freien schwäbischen Kleinadelfamilie ohne politische Bedeutung und großes Ansehen zum zwischenzeitlichen Oberhaupt eines ganzen Reiches werden?

Von der katholischen Kirche heilig gesprochen und zeitlebens den Quellen zufolge, wie der Chronik des Lampert von Hersfeld, sehr beliebt im Volk, stellt sich die Frage, warum die meisten Einwohner Kölns diesen Heiligen 1074 aus der Stadt jagten und sogar töten wollten. Des weiteren ist zu klären, wie Anno sich während des Investiturstreits verhielt, den er ja in Ansätzen schon mitbekam und generell, wie seine Beziehungen zum salischen Königshaus aussahen. In diesem Zusammenhang wird auch ein Blick auf die Vorfälle 1062 in Kaiserswerth zu werfen sein.

Es folgt eine präzise Ausarbeitung zu Annos vollständigem Leben mit besonderem Augenmerk auf den Kölner Aufstand von 1074 und auf besonderen Leistungen , sowie eventuelle Kontroversen seines Lebens.

2. Herkunft, Familie und Werdegang:

Wie bereits in der Einleitung erwähnt, ist Anno 1010 geboren. Der Name des Ortes leitet sich von der Burg „Stuzlinge" ab, welches das heutige Altsteußlingen im Alb-Donau-Kreis im Schwabenland ist[4]. Die Burg Altsteußlingen, wo Anno das Licht der Welt erblickte, ist heute nicht mehr erhalten. Allerdings steht die St. Martinskirche von Altsteußlingen noch, mit teilweise originalen und umgebauten Bauteilen. Dies ist beachtlich, da Ort und Kirche das erste mal 776 n. Chr. urkundlich erwähnt wurden und die Kirche somit eine so genannte „Urkirche" ist und damals eine sehr große Pfarrei hatte[5].

Über Annos Vorfahren gibt es einige unbewiesene Spekulationen und Thesen, dass sie von dem in der Merowingerzeit bedeutendem Adelsgeschlecht der Agilolfinger abstammen sollen. Annos Familie, die Steußlinger, haben unter ihren Vorfahren einige Verwandte mit den Namen Egilolf oder Agilolf. Zudem gibt es in der so genannten „Zimmerschen Chronik" eine Sage mit

---

2 Düsterwald, Erich, S. 38
3 Düsterwald, Erich, S. 43
4 Sankt Anno und seine viel liebe statt: Bauer, Hermann, S. 11
5 Sankt Anno und seine viel liebe statt: Bauer, Hermann, S. 12

ähnlichen Beweisen für diese These[6]. Da dies aber nur Spekulationen aus der weiten Vergangenheit vor Annos Geburt sind, wenden wir uns den Fakten seiner näheren Gegenwart zu.

Annos Eltern hießen Walter und Engela. Sein Vater war alemannischer und seine Mutter sächsischer Abstammung, wie wir aus der „Vita Annonis Minor" erfahren[7]. Von Annos vielen Geschwistern, sind folgende bekannt: Waltherus, Haymo, Engela, Adalbero, Wecelo und Otto I.[8]. Die Familie der Steußlinger war nicht wohlhabend und hatte wohl auch keine hohen Ämter inne. Eine genaue Bezeichnung ihres mittelalterlichen Standes kann allerdings nicht gemacht werden, da sie in den Urkunden der damaligen Zeit immer andere Titel bekamen. Einer von ihnen, aus dem „Paktus Alamannorum", einer alten alemannischen Rechtsaufzeichnung, lautet „mediani", was so viel bedeutet, wie „mittlere Grundbesitzer"[9]. Wichtig ist zu wissen, dass die Steußlinger mit keinem Dynastiegeschlecht in Verbindung standen, also eine unbedeutende, wenn überhaupt klein-adelige, titelfreie Sippe ohne bislang herausragende Persönlichkeiten war.

Anno selbst wird von verschiedensten Quellen als kluger, eifriger, ehrlicher und schöner junger Mann beschrieben. Er erfuhr ,zunächst auf Wunsch seines Vaters, eine ritterliche Ausbildung und Schulung, bis er von seinem Onkel, einem Bamberger Kanoniker namens Heymo[10], auf die Bamberger Domschule geschickt wurde und zu einem „vollkommenen Mann" wurde, wie es in der „Vita Annonis Minor" heißt.

Da Anno nicht dem Hochadel angehörte, muss es einzig und allein an seiner außerordentlichen Klugheit, seinem Fleiß und seinen sonstigen Talenten gelegen haben, dass er schon im nächsten Kapitel der „Vita Annonis Minor" als Schulmeister der Domschule aufgeführt wird und ihm enge und freundschaftliche Beziehungen zum Hof des salischen Kaisers Heinrich III. (1039-1056) zugeschrieben wurden.

1047 wurde von Kaiser Heinrich III. das Goslarer Pfalzstift St. Simon und Judas[11] gegründet, um für geistlichen Nachwuchs und Anwärter auf Bischofsämter zu sorgen. Laut Hermann Bauers Beitrag im Sammelband „Sankt Anno und seine viel liebe Statt" wurde Anno wahrscheinlich zuvor schon von Heinrich III. entdeckt, denn der Kaiser hielt sich mehrfach in Bamberg auf und der fleißige Anno erregte seine Aufmerksamkeit[12]. Diese Entdeckung ist erneut nur durch Annos vorbildlichen Leistungen, Verdienste und Talente zu erklären. Anno hat also den Nachteil, dass er nicht dem Hochadel angehörte, mit seiner Persönlichkeit und seiner

6   Sankt Anno und seine viel liebe statt: Bauer, Hermann, S. 22+23
7   Vita Annonis Minor, S. 9
8   Lück, Dieter, S. 203
9   Sankt Anno und seine viel liebe statt: Bauer, Hermann, S. 23+24
10 Lück, Dieter, S. 60
11 Sankt Anno und seine viel liebe statt: Bauer, Hermann, S. 25
12 Sankt Anno und seine viel liebe statt: Tüchle, Hermann S. 68

Klugheit in gewisser Weise ausgeglichen und konnte somit nach größeren Würden streben[13].

1049 ging er dann an den Hof des salischen Kaisers Heinrich III. und arbeitete in der Hofkanzlei [14], um 1054 Propst von Goslar zu werden[15]. Aus seinen Hofkaplänen suchte sich Heinrich III. immer wieder die Anwärter auf hohe geistliche Ämter aus und wer wie Anno das Glück hatte in der Hofkanzlei zu arbeiten und dadurch mit dem Kaiser zu reisen, hatte, wegen dieses riesigen Schrittes und dieses enormen Vertrauensbeweises, große Chancen auf ein hohes Kirchenamt. Wahrscheinlich ist jedoch, dass er schon vor seiner Ernennung zum Propst in das Goslarer Domstift aufgenommen wurde[16]. In wie weit und ob überhaupt, Anno während seiner Zeit am Hof von Heinrich III. und als Propst von Goslar, Einfluss auf die Regierungsgeschäfte des Kaisers nehmen konnte, ist unklar. Allerdings genoss er die Anerkennung des Kaisers und seines Hofstaats, denn ohne diese Aufmerksamkeit, wäre er nicht zu einem von ihnen aufgestiegen.

Am 11. Februar 1056 starb der bisherige Erzbischof von Köln, Hermann II. Vorher hatte dieser Anno auf seinem Sterbebett zu seinem designierten Nachfolger erklärt[17].

Am 03. März des selben Jahres wurde Anno, nicht wegen Hermanns letzten Worten, sondern wegen Kaiser Heinrichs Zusprache und Vertrauen, zum Erzbischof von Köln geweiht.

Laut der jüngeren Vita Annos geschah dies mit Zustimmung des Volkes. Allerdings ist aus anderen Quellen bekannt, dass das Volk keineswegs zufrieden war mit Anno als Hermanns Nachfolger. „Die Zeit war stammesbewußt und standesstolz.", so Hermann Tüchle in seinem Beitrag „Anno, Reichsbischof und Reformer" im Sammelband „Sankt Anno und seine viel liebe statt" . Die Kölner wollten einen Nachfolger mit einer würdigen und edlen Herkunft und eine große, berühmte Persönlichkeit aus ihrer Region. Stattdessen bekamen sie einen Propst ohne Adelstitel, der zu allem Überfluss auch noch kein Rheinländer, sondern Schwabe war und kein Mitglied eines edlen Geschlechts. Aber der Erzbischof wird vom Kaiser selbst bestimmt und investiert und seinem Willen hatten die Kölner nichts entgegenzusetzen.

Die Vita Annonis Minor, verfasst von einem Siegburger Mönch, ist durchgehend in lobendem Ton verfasst und fast gänzlich frei von kritischen Tönen . Sie ist die einzige mir bekannte Quelle, in der geschildert wird, dass die Kölner Bürger der Wahl Annos zu ihrem Erzbischof zugestimmt hätten. Allerdings wird schon diese Äußerung in einer Fußnote widerlegt[18]. Das heißt, dass man mit ziemlicher Sicherheit sagen kann, dass Annos Amtsantritt bei der Mehrzahl der

---

13 Lück, Dietmar, S. 86
14 Düsterwald, Erich, S. 38
15 Lück, Dietmar, S. 84
16 Lück, Dietmar, S. 97
17 Vita Annonis Minor, S. 13
18 Vita Annonis Minor, S. 13

Kölner Bürger Unzufriedenheit und Wut hervorgerufen hat. Die Menschen in seiner neuen Diözese waren zu Beginn nicht auf seiner Seite. Diejenigen Menschen aus dem Reich, die Anno kannten und wussten, was er ohne verwandtschaftliche Beziehungen und ohne bedeutenden Namen für einen bis dato unvergleichlichen, erfolgreichen Karriereaufstieg erreicht hatte , die mussten schon damals gewusst haben, was für ein vielschichtiger, talentierter und interessanter Mann nun an der Spitze des Kölner Erzbistums stand.

Um seinen Aufstieg noch einmal knapp zusammen zu fassen: Vom angefangenen Ritterdienst in der heimischen Schwäbischen Alb, zum Schüler und späterem Lehrer am Bamberger Domstift, dann zum Hofkaplan des Kaiser Heinrichs III. und bald zum Goslarer Propst aufgestiegen, wurde Anno am 03.03.1056 zum neuen Erzbischof von Köln geweiht und investiert.

Anno war zudem auch der erste seines Geschlechts der einen so hohen, bedeutenden politischen Rang innehatte und verhalf laut, Dietmar Lück, mitunter seinem Bruder Werner (1063-1078) und seinem Neffen Burchard (1058-1088) zu ihren Bischofsämtern in Magdeburg und Halberstadt[19]. Auch andere Verwandte Annos bekamen mit seiner Hilfe kirchliche Ämter während seiner Amtsperiode, worauf vermehrt Anschuldigungen des Nepotismus gegen Anno aufkamen.

„Politischer Rang" deswegen, weil die Bischöfe und Erzbischöfe in dieser Zeit, wie andere geistliche Würdenträger, nicht nur die kirchlichen, sondern auch die weltlichen Aufgaben ihrer Diözese oder ihres Geltungsbereichs übernahmen. Werner und Burchard waren aber nicht die einzigen aus Annos Verwandtschaft, denen er zu politischen Ämtern verhalf. Die Steußlinger und die mit ihrer Verwandtschaftslinie in Verbindung gebrachten Personen, stellten in circa 80 Jahren drei Erzbischöfe und drei Bischöfe in Westfalen und Sachsen[20]. Die meisten oder vielleicht sogar alle hatten ihr Amt dem Größten unter ihnen zu verdanken, nämlich Anno.

3. Anno als Erzbischof von Köln – Anfänge: 1056 – 1062:

In diesem Kapitel steht nun Annos Zeit als Erzbischof von Köln im Vordergrund und zwar zunächst die Zeit vom Amtsantritt 1056 bis kurz vor den Vorfällen von Kaiserswerth 1062.
Das vierte Kapitel beinhaltet dann die Zeit von der Königsentführung bis zum Aufstand 1074.
Dieses bedeutende Ereignis bildet mit seinem Tod 1075 die letzten Kapitel und leitet somit den Schlussteil ein. Zuvor in Kapitel fünf werden die Annalen des Lampert von Hersfeld, eine der

---

19 Lück, Dietmar, S. 30
20 Lück, Dietmar, S. 43

7

wichtigsten erzählenden Quellen zum 11. Jahrhundert, analysiert.

Wie bereits erwähnt, stieß Anno bei seinem Amtsantritt in Köln auf viel Spott und Ablehnung der Kölner Bürger. Sein Einfluss am Hofe war allerdings immer noch vorhanden. Da aber der bisherige salische Kaiser Heinrich III. im Oktober des Jahres von Annos Bischofsweihe 1056 starb, trat sein Sohn Heinrich IV., der schon 1053 zum König gewählt worden war, weil Heinrich III. an Gicht litt, die Nachfolge an. Weil Heinrich IV. aber zu diesem Zeitpunkt noch ein unmündiges Kind war, leitete Kaiserin Agnes, seine Mutter, die Reichsgeschäfte solange, bis ihr Sohn volljährig wurde.

Soweit die Theorie, die Realität sah aber anders aus. Die Fürsten und andere Verantwortliche im Reich waren unzufrieden mit ihrer Regentschaft. Sie soll schwach und leicht zu beeinflussen gewesen sein. Die meisten Ratschläge zum Umgang und zur Verwaltung ihres Reiches, holte sie sich aber nicht von Anno, der immerhin seit 1057 Erzkanzler der heiligen Römischen Kirche und demnach ihr Erzkanzler war[21], sondern vom Bischof von Augsburg ein[22]. Es ist wohl nicht abwegig anzunehmen, dass dies Anno sehr gekränkt hat.

Nach und nach entstand eine regelrechte Opposition gegen Agnes. Düsterwald geht sogar davon aus, dass Anno diese Opposition selbst kräftig schürte, nachdem seine Versuche der Kaiserin zu helfen und ihre Regentschaft zu schützen, nicht gefruchtet haben.

Als Anno 1058 einen mächtigen rheinischen Pfalzgrafen namens Heinrich von den Ezzonen in einer Fehde stürzte, gewann er den Berg Siegburg und damit mehr Machtbefugnisse im Rheinland[23]. Der Siegberg oder auch Michaelsberg genannt und die darauf platzierte Burg, sollte für Anno fortan von Bedeutung sein. Denn er hatte viele Intentionen und Pläne, die er als Erzbischof verwirklichen wollte und deswegen war er vor allem auch ein Bauherr. Während seiner Amtszeit 1056-1075 gründete er mehrere Kanonikerstifte und Abteien. Aber zu der Abtei in Siegburg fühlte sich Anno schon immer besonders hingezogen, weswegen er sich auch dort hat beisetzen lassen. Die Siegburger dankten ihm seine Zuneigung, indem sie ihm einen prunkvollen Schrein fertigten, den sogenannten „Annoschrein".

Die fünf Hauptbauwerke Annos sind die beiden Kölner Kanonikerstifte St. Maria ad gradus (1057) und St. Georg (vor 1059). Ersteres wurde bereits von seinem Vorgänger Hermann II. geplant. Sowie die beiden Benediktinerabteien im Kölner Raum: Siegburg (um 1060) und Grafschaft (1072), und Saalfeld (1070/71) in Thüringen[24].

---

21 Monumenta Annonis, S. 15
22 Düsterwald, Erich, S. 38
23 Düsterwald, Erich, S. 39
24 Sankt Anno und seine viel liebe statt: Verbeek, Albert, S. 183

4. Anno als Erzbischof von Köln – Ende: 1062 – 1074:

Die Jahre vor 1062 widmete der Erzbischof Anno II. hauptsächlich seinem Bistum und war bestrebt, es und seine Umgebung zu bereichern und zu stärken, anstatt sich zu sehr in Reichsangelegenheiten einzumischen. Dies änderte sich allerdings drastisch mit dem so genannten Staatsstreich von Kaiserswerth 1062.

Wie aus den Annalen des Lampert von Hersfeld hervorgeht, waren die einflussreichsten Fürsten und kirchlichen Würdenträger, wie auch Anno, höchst unzufrieden mit der vormundschaftlichen Regenschaft der Kaiserin Agnes. Wenn in vorherigen Kapiteln noch von einer „möglichen" Opposition gegen die Kaisern gesprochen wurde, ist diese Vermutung nun Fakt geworden.

1062 planten der Erzbischof Anno von Köln, Herzog Otto von Bayern und Graf Ekbert[25] die Entführung des jungen Kaisers nach Köln, um ihn nach ihren Wertvorstellungen und Interessen zu erziehen. Sicher hatte diese Verschwörung noch weitere Mitwisser, aber an der tatsächlichen Ausführung des Plans waren hauptsächlich nur diese drei beteiligt.

Der junge Salier-König Heinrich IV. weilte in der Pfalz zu Kaiserswerth und wurde mittels einer List und durch die Überredungskünste Annos ans Rheinufer gelockt, mit der Absicht , man wolle ihm ein neues, prunkvolles Schiff zeigen. Schließlich ging der nichtsahnende Heinrich auf das Schiff und erst als es abrupt ablegte, begriff Heinrich die List. Die Annalen berichten, dass der junge König in Panik und aus Angst vor Gewalt in den Rhein sprang, um zu flüchten. Diese Flucht hätte tödlich in den reißenden Fluten des Rheins enden können, wenn Graf Ekbert ihn nicht gerettet und zurück an Bord gebracht hätte. Der König wurde beruhigt und nach Köln gebracht und die Mutter des jungen Heinrichs zog sich auf ihre Privatgüter zurück, ohne Anstalten zu machen, zu ihrem gerade entführten Sohn zu reisen[26].

Die Reichsgeschäfte übernahmen nun die Fürsten und Bischöfe, obwohl zunächst Anno an der Spitze aller Beteiligten stand , da der König immerhin in seine Diözese verschleppt worden war. Neben Anno als Erzbischof von Köln hatte auch der Erzbischof von Bremen zunehmend großen Einfluss auf die Erziehung des Königs und die Verwaltung des Reiches. Spätestens jetzt, da die Reichsregierung mitsamt König in Köln weilte und nach den gestifteten Klöstern Annos für seine Diözese, dachten die Kölner anders über ihren Erzbischof, mit dem sie zu Beginn noch so unzufrieden waren. Jetzt war er aber ohne Zweifel mit den ganz Großen des Reiches zu

---

25 Annalen von Lampert von Hersfeld, S. 75
26 Annalen von Lampert von Hersfeld, S. 75

vergleichen[27].

Auch dass Anno den Streit zwischen Papst Alexander II. (1061-1073) und dem von Kaiserin Agnes ernannten Gegenpapst Cadalus beziehungsweise Honorius II. (1061-1064) beilegte, indem er sein Vertrauen Alexander II. gab[28], wird ihm viel Bewunderung eingebracht haben, aber auch neue Feinde aus den Reihen der Reformgegner.

Der Gegenpapst wurde jedenfalls ernannt, weil das deutsche Herrschertum an der Wahl Alexanders II. nicht beteiligt war und dieser Umstand den deutschen Fürsten und Kaiserin Agnes missfiel. Mit der endgültigen Niederlegung dieses Streites auf der Synode zu Mantua am 31. Mai 1064[29] wurde Alexander II. als rechtmäßiger Papst anerkannt und Anno bezog, gewollt oder ungewollt, mit diesem Schritt Position zur Reformbewegung der Kirche, die Alexander II. vertrat. Er wurde also von hier an von Vielen als Repräsentant der Kirchenreform angesehen und war somit auf „römischer Seite". Nachfolger Alexanders wurde übrigens der berühmte Papst Gregor VII. (1073-1085).

Inzwischen hatte sich im Reiche eine Opposition gegen Anno gebildet, angeführt von einem engen Freund der Salier, dem Erzbischof Adalbert von Bremen. In dem Artikel über Anno in der Allgemeinen Deutschen Biographie heißt es, es war klug für Anno zu dieser Zeit, schon 1063, nachzugeben. Von nun an leitete Adalbert das Reich und Annos Hauptaufgabe war die Unterweisung und Erziehung von Heinrich IV.

Laut den Annalen des Lampert von Hersfeld, war die Beziehung zwischen Anno und dem jungen König allerdings nicht so freundschaftlich, wie es zunächst erscheinen mochte.

Denn als der König 1065 im Zuge der traditionellen Schwertleite für mündig erklärt worden war, wollte er gewaltsam auf Anno losgehen, den anscheinend in seinen Augen gehassten Entführer und Erzieher[30].

Auch Adalbert von Bremen konnte sich nicht lange durchsetzen als Vertrauter des Königs, denn nun wollten die Fürsten, darunter auch Anno von Köln, ihn stürzen, weil er angeblich eine „tyrannische Herrschaft"[31] mit dem König ausübte. Anno und der Erzbischof von Mainz hielten 1066 einen „Reichstag" in Trebur ab, um dem König eine Nachricht zu überbringen. Er solle sich entweder von Adalbert von Bremen lösen oder abdanken. Natürlich dankte der Salier nicht ab, sondern verstieß Adalbert von Bremen widerwillig vom Hofe, sodass nun wieder die Bischöfe und Fürsten und auch Anno, Anteil an der Verwaltung der Reichsgeschäfte nehmen konnten.

27 Sankt Anno und seine viel liebe statt: Diederich, Toni, S. 169
28 Lindner, Theodor: „Anno II.", in: Allgemeine Deutsche Biographie
29 Lindner, Theodor: „Anno II.", in: Allgemeine Deutsche Biographie
30 Annalen von Lampert von Hersfeld, S.95
31 Annalen von Lampert von Hersfeld, S.107

Nachfolger Adalberts im Bistum Bremen wurde Kuno, ein Neffe Annos und ein weiterer Beweis für Annos Nepotismus[32].

In der ADB[33] heißt es allerdings, dass Anno nie wieder so große Macht besaß, wie nach dem Staatsstreich von Kaiserswerth 1062. Dies bezeugt auch ein Beitrag von Theodor Schnitzler im Sammelband „Sankt Anno und seine viel liebe statt". Hier steht, dass auch wenn Annos Einfluss, nach der Vertreibung Adalberts von Bremen, erst einmal wuchs, sein Stern doch nach der Schwertleite Heinrich IV. zu sinken begann[34].

Seine Glanzjahre und die meiste Macht im Reich hatte Anno demnach von 1062 – 1065, in denen er zumeist bestrebt war sein Bistum zu bereichern und die Reformbewegungen aus Rom und Cluny voranzubringen.

In den Jahren 1067 und 1068 hat sich Anno lange Zeit in seine Diözese zurückgezogen und sich mit seinen Klöstern und dem Bistum beschäftigt[35], sich also erst einmal aus den Geschäften des Reiches zurückgehalten. Nach dieser „Ruhepause", wenn man es so nennen mag, wurde er 1068 als königlicher Gesandter nach Rom geschickt, wo er in Kontakt mit dem gebannten ehemaligen Gegenpapst Cadalus kam. Für diesen Kontakt musste er in Rom sogleich Buße tun, da der Umgang und die Kommunikation mit Gebannten verboten war.

1070 ging Anno erneut nach Rom. Allerdings zwangsweise, da er, wie auch der Erzbischof von Mainz und Bamberg, vorgeladen wurde, um sich gegen Anschuldigungen der Simonie zu verantworten[36]. Alle Drei mussten einen Eid schwören und konnten dann wieder in ihre Heimat ziehen.

Die folgenden Jahre 1070 und 1071 waren wieder ruhiger. Der Erzbischof unterließ Kontakte zum König und zur Reichsverwaltung[37]. Er musste jedoch das Kloster Malmedy an Stablo zurückgeben. An diesem Grundstück hatte sich schon vor langer Zeit ein Streit entzündet. Als Adalbert von Bremen und Anno an vorderster Stelle des Reiches waren, schenkten sie sich gegenseitig Klöster[38], allerdings gab Adalbert die meisten seiner Errungenschaften zurück, um Konflikte zu vermeiden. Anno tat dies nicht und hatte seither eine hartnäckige Auseinandersetzung mit Stablo. Diese Fehde war so langwierig und weitreichend, dass sogar die Bürger im Reich darauf aufmerksam wurden.

In den kommenden Jahren trat Anno oftmals als Vermittler zwischen Heinrich und dem Herzog

32 Annalen von Lampert von Hersfeld, S.111
33 Allgemeine Deutsche Biographie
34 Sankt Anno und seine viel liebe statt: Schnitzler, Thomas, S.99
35 Lindner, Theodor: „Anno II.", in: Allgemeine Deutsche Biographie
36 Annalen von Lampert von Hersfeld, S.123
37 Lindner, Theodor: „Anno II.", in: Allgemeine Deutsche Biographie
38 Lindner, Theodor: „Anno II.", in: Allgemeine Deutsche Biographie

von Schwaben, Rudolf von Rheinfelden auf, sowie zwischen Heinrich und den Sachsen.

Adalbert kehrte übrigens unmittelbar nach seiner Vertreibung vom Hofe 1066 wieder zum König als Reichsverweser zurück und stand ihm bis 1072 zur Seite[39].

Dann aber im Laufe des Jahres 1072 wurde Anno wieder an den Hof gebeten von Heinrich, da Adalbert gestorben war und er Beistand suchte in den Auseinandersetzungen mit den Sachsen. Laut Lampert von Hersfeld, verhalf Anno dem Reich wieder zu neuer Blüte.

Nach kurzer Zeit, nämlich zur Wende 1073/74 beendete Anno aber ein für alle mal seine Arbeit am Hofe, da er von Krankheit und vom Alter geschwächt war und mit Heinrichs Entscheidungen und seinem immer noch jugendlichen Leichtsinn unzufrieden war[40].

5. Die Annalen des Lampert von Hersfeld:

Die Annalen von Lampert von Hersfeld bilden die Quellengrundlage für die nachfolgenden Schilderungen über den Aufstand von Köln 1074. Doch ist dieses Ereignis nur ein kleiner Teil des umfassenden Werkes dieses Chronisten, weswegen es auch schon in vorigen Teilen dieser Hausarbeit zitiert wurde.

Vor allem wegen der detailgetreuen Kapitel über den Investiturstreit, insbesondere den Gang nach Canossa, gewann diese erzählende Quelle an herausragender Bedeutung in der Geschichtswissenschaft, die sich mit dem 11. Jahrhundert befasst.

Die Person Lampert von Hersfeld oder auch Lampert von Aschaffenburg genannt, wurde vermutlich vor 1028 geboren und starb zwischen 1081/1082 in Hasungen[41].

Lampert stammt aus einer womöglich adeligen, besitzenden fränkischen Familie. Er wurde an der Domschule zu Bamberg von Anno zum Geistlichen ausgebildet. In seiner Chronik merkt man, dass er für seinen alten Lehrer große Sympathien hegte.

1058 trat Lampert in das Hersfelder Kloster ein und wurde im Herbst des gleichen Jahres zum Priester von Aschaffenburg geweiht[42]. Lampert machte außerdem eine Pilgerfahrt nach Jerusalem, wie Viele zu dieser Zeit und leitete die Klosterschule in Hersfeld für einen gewissen Zeitraum. Weiterhin soll er 1071 nach Saalfeld und Siegburg gereist sein, um die von Erzbischof Anno II. von Köln erbauten Klöster zu sehen und das neue reformorientierte Mönchswesen von ihm zu erkunden. Als Lampert 1081 zum Abt des neuen Klosters Hasungen erhoben wurde,

---

39 Vgl.: Annalen von Lampert von Hersfeld, S.157
40 Annalen von Lampert von Hersfeld, S.165/167
41 Struve, Tilman, „Lampert von Hersfeld", in: Neue Deutsche Biographie 13 (1982), S. 461-462
42 Struve, Tilman, „Lampert von Hersfeld", in: Neue Deutsche Biographie 13 (1982), S. 461-462

starb er kurz darauf.

Wann und wo er seine Weltchronik, die Annalen, verfasst hat ist strittig. Das Werk ist chronologisch aufgebaut und fängt mit den ersten biblischen Zeitaltern an und endet im Jahr 1077, vor der Wahl von Rudolf von Rheinfelden zum Gegenkönig.

Die Anfänge bis ungefähr 1040 hat Lampert aus anderen Annalen, wie den Altaicher und den Quedlinburger Chroniken übernommen und gegebenenfalls erweitert. Je fortgeschrittener die Jahre, desto größer ist allerdings Lamperts Eigenanteil am Geschriebenen. Jedenfalls wird es so in der Freiherr-Vom-Stein-Gedächtnisausgabe der Annalen selbst beschrieben[43]. Deshalb sind die Jahre ab ca. 1040 auch viel ausführlicher beschrieben. Einem einzigen Jahr widmete er mitunter mehrere Seiten, auf denen er alle Geschehnisse minutiös erläuterte, zum Beispiel die Jahre 1073 – 1077, also den Höhepunkt des Investiturstreits. Vor den ausführlichen Berichten Lamperts bestehen die Annalen aus stumpfen Aufzählungen von Ereignissen, geordnet nach Jahreszahlen. Die Ereignisse beinhalteten meistens nur den Tod einer Persönlichkeit, Krönungen, Vermählungen, Reisen, Kriege oder andere besondere Fakten.

Ein bestimmter Adressat ist nicht auszumachen. Lampert richtet seine Weltchronik grob gesagt an die Allgemeinheit der Nachwelt. Seine Intention ist es meiner Meinung nach hauptsächlich für Aufklärung zu sorgen. Immerhin war er bei vielen Ereignissen seiner Zeit Augenzeuge, allerdings ist seine Haltung sehr parteiisch, weshalb der Wert seiner Schriften stets kritisch zu bewerten ist und reflektiert werden sollte.

Er verachtete Heinrich IV., war aber deswegen nicht unbedingt ein treuer Anhänger Gregors VII.[44]. Er fokussierte sich vielmehr auf die Interessen des Mönchtums und auf den „Bestand von Reich und Kirche", wie es Heinrich III. versuchte. Seine Schilderungen sind nicht immer wahrheitsgetreu, dies ist teilweise mit Absicht geschehen, teilweise aber seiner Unwissenheit geschuldet. Manche Fakten, die mitunter wichtig für einen Zusammenhang wären, ließ er einfach aus oder entschärfte ihre Brisanz, um seinen Standpunkt und seine Ansichten zu stärken. Ein Beispiel hierfür ist die Vertuschung von Rudolf von Rheinfeldens Scheidung oder der Staatsstreich von Kaiserswerth, der unzureichend bewertet wurde[45].

Nichtsdestotrotz sind die Annalen des Lampert von Hersfeld eine der wichtigsten erzählenden Quellen über das 11. Jahrhundert und den Investiturstreit. Den einzelnen Kapiteln und Schilderungen sollte man allerdings nicht so ohne weiteres Glauben schenken, sondern immer daran denken aus welcher Perspektive und mit welcher Intention Lampert berichtete.

---

43 Annalen von Lampert von Hersfeld, S. 15
44 Struve, Tilman, „Lampert von Hersfeld", in: Neue Deutsche Biographie 13 (1982), S. 461-462
45 Annalen von Lampert von Hersfeld, S. XIII. + XIV.

6. Der Aufstand von Köln im Jahre 1074:

Auch wenn Anno viel für seine Diözese getan hat, durch seine Stiftungen und diversen anderen Bereicherungen und er Köln einen regelrechten, wirtschaftlichen Aufschwung beschert hat, fanden die Kölner seine teilweise radikalen Methoden, seine Vetternwirtschaft und sein rachsüchtiges Verhalten zunehmend problematisch. Sie waren wiedereinmal unzufrieden mit ihrem Erzbischof. Federführend waren hierbei vor allem die reichen Kölner Kaufleute.

Im Jahre 1074 eskalierte die Situation dann endgültig und Anno wurde nach „Wormser Vorbild"[46] aus der Stadt gejagt. Der Aufstand entstand nach Toni Diederichs Meinung, weil Anno der kaufmännischen Oberschicht zwar zu Macht verholfen habe, sie aber nicht an den Regierungsgeschäften hat teilhaben lassen und sich somit über die Jahre viel Groll angestaut hatte[47]. Weitere Gründe könnten die hohen Steuerabgaben und Annos mitunter fragwürdigen politischen Entscheidungen gewesen sein, wie die Königsentführung oder die Streitigkeiten um das Kloster Malmedy.

Der Aufstand war zunächst so etwas wie ein Befreiungsschlag der Bürger gegen die Kölner Geistlichkeit. Er begann an Ostern 1074. Anno feierte das Fest in Köln mit dem befreundeten Bischof Friedrich von Münster[48]. Als dieser nach den Feierlichkeiten über den Rhein zurückreisen wollte, suchten die Bediensteten Annos in seinem Auftrag ein geeignetes Schiff. Sie wollten das Schiff eines reichen Kaufmannes aus Köln beschlagnahmen zum Zwecke dieser Reise. Diese Enteignung wurde allerdings von den Knechten und von dem als „kühn und stark" beschriebenen Sohn des Schiffseigners mit Gewalt verhindert[49]. Dieser Sohn trommelte auf dem Weg zum Geschehen noch einige junge Männer zusammen und es entstand eine aufständische Meute. Als Anno über diese Vorfälle unterrichtet wurde, schickte er zornentbrannt und wütend über die Treulosigkeit der Kölner Bürger, seine Männer aus, um den Aufstand zu beenden. Hier kommt, neben so vielen guten Charakterzügen Annos, ein schlechter zum Vorschein, nämlich berichtet Lampert von Hersfeld, dass Anno, wenn er erst einmal zornig wurde, nicht mehr zu bremsen war[50].

Der Chronist berichtet in seinen Annalen den weiteren, vollständigen Verlauf des Aufruhrs. Die

---

46 1073 verjagten die Wormser Bürger ihren Erzbischof Adalbert, weil dieser verhindern wollte, dass König Heinrich IV. in die Stadt einzieht. Die Wormser Bürger zeigten also Königstreue auf Kosten ihres Erzbischofs. Nachzulesen in : Annalen von Lampert von Hersfeld, S. 209
47 Sankt Anno und seine viel liebe statt: Diederich, Toni , S.175
48 Annalen von Lampert von Hersfeld, S. 237
49 Annalen von Lampert von Hersfeld, S. 237
50 Annalen von Lampert von Hersfeld, S. 239

Menge sei nur mit Mühe und Not einigermaßen beruhigt worden, da immer mehr Menschen, durch „Lügen" und „Hetzerei" des Kaufmannssohnes zu den Aufständischen stießen, so Lampert.

Aber die Kölner Bürger gaben nicht auf und bewaffneten sich, um nun direkt gegen ihren Erzbischof vorzugehen, wie es ein Jahr zuvor auch die Wormser taten.

Anno soll angeblich in seiner Kirche St. Georg gepredigt haben, dass die „Stadt in die Hände des Teufels geraten sei"[51] und Lampert bemerkte, dass gegen Abend zur Kühnheit und zum Ärger der aufständischen Kölner Meute noch der Alkoholeinfluss kam und der Aufstand auf ein neues eskalierte. Anno und Friedrich wurden beim Essen angegriffen und in die alte Domkirche vertrieben. Die Aufrührer plünderten und entweihten den Bischofspalast, um dann die Domkirche zu belagern. Doch Anno gelang es zum Einbruch der Nacht unbemerkt aus der Stadt zu fliehen, bevor die Meute die Domkirche stürmte und eine Person tötete, die sie fälschlicherweise für Anno hielten, so Lampert weiter.

Aus Angst vor einem bevorstehenden bewaffneten Einmarsch Annos, suchten die Kölner Hilfe beim König. Anno hingegen bekam bei den umliegenden Städten und deren Bürgern, Unterstützung. Zunächst flüchtete er von Köln aus zu Pferde nach Neuss. Innerhalb von zwei Tagen rotteten sich viele bewaffnete Sympathisanten Annos zusammen, um ihm bei der Rückkehr nach Köln zu helfen.

Am 26. April, am vierten Tage des Aufstandes, ritt er mit einem großen bewaffneten Aufgebot nach Köln, um seine Stadt einzunehmen. Die Annalen berichten, dass die Wut der Kölner mit einem mal „verrauchte" und ihre „Trunkenheit verschwand"[52], da sie einsahen gegen das Heer des Bischofs keine Chance zu haben. Sie schworen ihre Taten zu bereuen und Buße zu tun, wenn sie ihr Leben behalten dürften. Anno zeigte Barmherzigkeit und akzeptierte dieses Angebot. Er hoffte auf die Ehrlichkeit und Aufrichtigkeit seiner Bürger, schlief aber noch außerhalb von Köln, bis die Stadt vollauf gesichert war. Dies nutzten einige der Kölner Missetäter aus, um aus der Stadt zu flüchten. Laut Düsterwald waren es 600 Bürger[53]. Diese Zahl taucht in den Annalen des Lampert von Hersfeld auch auf, allerdings wird sie in einer Fußnote korrigiert. Es sollen nur 60 Bürger gewesen sein, die alle mit dem Kirchenbann belegt worden waren[54].

Die mitgereisten Anhänger Annos sollten ganz zu ihrer Unzufriedenheit nach Hause entlassen werden. Sie waren der Meinung, der Erzbischof wäre zu gütig und milde mit den

---

51 Annalen von Lampert von Hersfeld, S. 239
52 Annalen von Lampert von Hersfeld, S. 247
53 Düsterwald, Erich, S. 42
54 Annalen von Lampert von Hersfeld, S. 248/249

Aufständischen umgegangen und glaubten die Kölner würden sich an ihm rächen wollen. Jedenfalls gab Anno den Verantwortlichen und Geflohenen drei Tage Zeit um ihre Buße zu tun. Als sie jedoch nicht kamen, schäumte der Erzbischof erneut vor Wut und sämtliche in Köln anwesende Anhänger des Aufstandes wurden schwer bestraft. Sie wurden geblendet, gestäupt, geschoren oder mit Vermögensstrafen belegt[55] und mussten Eide schwören von nun an treu zu sein und die „Geflohenen" als ihre Feinde anzusehen[56]. Ebenfalls wütend über den mangelnden Respekt, die Unehrlichkeit und die Heucheleien des Kölner Bürgertums, plünderten und randalierten die mitgereisten Anhänger Annos die Stadt. Viele Bürger wurden abermals gefoltert, geschändet und sogar ermordet.

Die meisten taten dies angeblich ohne eindeutige Erlaubnis des Erzbischofs aber nichts desto trotz hält der Chronist Lampert meiner Meinung nach vollkommen gerechtfertigt fest, dass diese Maßnahme der Rache „mit dem Ruf eines so hohen Kirchenfürsten unvereinbar war"[57]. So ein hohes Maß an Grausamkeit und Rachsucht kann ein Erzbischof seiner Diözese nicht so ohne weiteres zumuten. Die Stadt Köln war bis dato eine der größten, bevölkerungsreichsten , wohlhabendsten und angesehensten Städte im Reich. Nach dem Aufstand allerdings, sei die Stadt öde, still und wie ausgestorben gewesen[58].

Vor der Schlussbetrachtung sollen nun noch die letzten beiden verbliebenen Jahre 1074 und 1075 bis zu seinem Tode geklärt werden, sowie ein Einblick in die Jahre nach seinem Tod gewährt werden, denn immerhin wurde er recht früh kanonisiert.

7. Annos Tod im Jahre 1075 und sein Nachruf:

Am 04. Dezember 1075 starb Anno II. von Köln. Er litt schon lange an einer schweren Krankheit, womöglich Gicht oder sogar Diabetes. Es war sein Wunsch in seiner „Lieblingsgründung" Siegburg und nicht in Köln begraben zu werden, was vielleicht als Trotzreaktion gegenüber den zuvor aufständischen Kölner Bürgern zu deuten ist[59]. Allerdings hat er wohl an Ostern 1075 den Kölner Bürgern, speziell den Aufständischen, vergeben und sie vom Bann losgesprochen und somit den Aufstand abgehakt[60]. Seine letzten Tage soll er in Ruhe und Frieden in Köln und

---

55 Blendung = Körperstrafe im Mittelalter bei der der Bestrafte ein glühendes Stück Eisen vor die Augen gehalten bekam und somit erblindete.
  Stäupen = Vergleichbar mit Auspeitschung.
56 Sankt Anno und seine viel liebe statt: Diederich, Toni , S.175
57 Annalen von Lampert von Hersfeld, S. 249
58 Annalen von Lampert von Hersfeld, S. 249
59 Monumenta Annonis, S. 18
60 Vgl: Monumenta Annonis, S. 26

Siegburg verbracht haben.

Er soll laut der Vita Annonis Minor etliche Wunder vollbracht haben, wie Blinden das Sehen ermöglicht zu haben oder mehrere bewahrheitete Visionen der Zukunft vorausgesagt zu haben. Vielleicht ist es deshalb zu erklären, dass Anno schon 1183 heiliggesprochen wurde. Dies geschah durch Papst Lucius III. anscheinend auf Drängen der Abtei Siegburg[61]. Schon kurz nach seinem Tode wurde Anno in einem Lied, dem sogenannten „Annolied", mit 880 Versen und 49 Strophen als regelrecht heldenhafter Heiliger verehrt[62]. Theodor Schnitzler stellt in seinem Artikel „Der hl. Anno, Erzbischof von Köln" in dem Sammelband „Sankt Anno und seine viel liebe statt", die Frage ob Anno ein modernes Kanonisationsverfahren bestehen würde. Sprich ob die Beweise, Zeugnisse und Quellen ausreichen, um ihn gerechtfertigt als Heiligen darzustellen. Dafür müssten nämliche seine angeblichen Wunder als solche untersucht und bewiesen werden oder es müsste ein Märtyrertum vorliegen. Letzteres ist aus den Quellen nicht zu ersehen. Was nun im Fazit und im Schlussteil folgt, sollte hier schon angedeutet werden. Behandelt werden unter anderem die Fragen: War Anno mehr Staatsmann oder Heiliger, war er barmherzig oder grausam, war er ehrlich oder falsch ? Eine kurze Zusammenfassung seines Lebens und seiner Taten, sowie eine Diskussion über ihn und wie ihn die Quellen sehen, mit einem abschließenden persönlichem Fazit, bilden den Schlussteil.

8. Schluss – Fazit:

Die Quellen und die Literatur, die ich zur Bearbeitung dieser Hausarbeit herangezogen habe, zeigen teilweise höchst gegensätzliche Bewertungen von Anno auf. Manche Chronisten und Autoren verehren ihn und manche schätzen ihn äußerst gering. Beide Seiten führen allerdings glaubwürdige Beweise für ihre jeweilige Sichtweise an, sodass es schwer ist die „Wahrheit" über Anno herauszufiltern.

Von der Vita Annonis Minor, die von einem Siegburger Mönch verfasst wurde, wird Anno verehrt und gelobt. Außerdem werden etliche Wunder von ihm aufgezählt. Es ist eine Quelle, die so einseitig positiv über Anno berichtet, dass sie meiner Meinung nach von keinem großen Wert ist, da gar nicht erst in Erwägung gezogen wird, dass Anno eventuell auch fragwürdigere Seiten hatte. Bei den Annalen von Lampert von Hersfeld sieht das schon anders aus. Er ist zwar ein bekundender Sympathisant Annos, gesteht ihm aber hin und wieder Fehler und falsche Entschei-

---

61 Sankt Anno und seine viel liebe statt: Schnitzler, Theodor, S. 102
62 Sankt Anno und seine viel liebe statt: Solf, Salome, S. 230

dung zu, wie beispielsweise seine Rache an den Kölner Bürgern 1074[63]. Die anderen Quellen sind sehr kritisch und es hängt sehr davon ab, über welches Ereignis geschrieben wird, wenn es darum geht, wie Anno am Ende dasteht. Aus dem Sammelband „Sankt Anno und seine viel liebe statt" erfahren wir deshalb meines Erachtens am meisten Eindrücke vom Erzbischof von Köln, weil die vielen Artikel unterschiedliche Attribute Annos und verschiedene Themen beleuchten.

Fassen wir seine Leistungen und Fehler zusammen und wägt man sie gegeneinander ab, kann man nicht zu einem endgültigen Urteil über ihn kommen. Fakt ist, dass er ein sehr frommer, gerechter, talentierter junger Mann gewesen ist und deshalb von Heinrich III. zum Erzbischof gemacht wurde. Seine Frömmigkeit und Gerechtigkeit wurde oft geschildert. Er soll viel für die Armen getan haben und war gleichzeitig wohl nie um die Aufmerksamkeit der „Großen"[64] bemüht, obwohl diese These wieder einmal Auslegungssache ist.

Andererseits wird er auch als aufbrausend, jähzornig und gewalttätig beschrieben, wie zum Beispiel von von Schnitzler. Beweise für beide Thesen gibt es zu Genüge. Die Abteien die er gründete, können einerseits als Beweis für seine Großzügigkeit und sein soziales Engagement dienen, andererseits aber auch als strategische Bauprojekte, um seine Macht im Rheinland und im Reich zu sichern und zu vergrößern[65].

Ebenso kann der Staatsstreich von Kaiserswerth unterschiedlich bewertet werden. Manche sagen, Anno hätte auf grausamste Weise und unrechtmäßig den König entführt und andere sagen, dies geschah um des Reiches Willen und, dass nur so der König richtig erzogen werden konnte.

Unchristliches Verhalten, wie Simonie, Nikolaitismus oder Tyrannei kann ihm, wie ich finde, nicht bewiesen werden. Allerdings waren die Strafen, die die Kölner Bürger zum Teil bekamen, grausam und es kommt beim Quellenstudium immer wieder der Verdacht auf, dass er eine gewisse jähzornige Ader gehabt hat. Dass er sich so sehr für die Reformbewegungen einsetzte und dem Reich und Heinrich IV. immer als Berater und Verwalter zur Seite stand, ist ihm allerdings hoch anzurechnen. Jedoch sehen viele in Heinrichs Erziehung durch Anno einen „Misserfolg", da der Salierkönig nicht nur durch Ehescheidung, sondern natürlich besonders durch den Streit mit dem Papst „unkirchliches Handeln" aufwies[66].

Auch dass sich die Kölner Bürger gegen ihn auflehnten, ihn verjagten und am liebsten tot sehen wollten, ist gewiss kein Zeichen für Annos Erfolg. Wobei gerade durch Anno die Stadt Köln und seine Bürger einen wirtschaftlichen und sozialen Aufschwung erfuhren, zum Beispiel durch den

63 Vgl.: Annalen von Lampert von Hersfeld, S. 249
64 Sankt Anno und seine viel liebe statt: Schnitzler, Theodor, S.102+108
65 Sankt Anno und seine viel liebe statt: Schnitzler, Theodor, S. 98
66 Sankt Anno und seine viel liebe statt: Schnitzler, Theodor, S. 99

gestärkten Handel über den Rhein oder eben die vielen Stiftungen und Schenkungen durch Anno[67]. Über Jahre hinweg residierte der unmündige König mit all seinen Fürsten in Köln, weil Anno ihn dort hinbrachte.

Meiner Meinung nach war Anno nicht nur ein „großer Beweger"[68], Kirchenfürst und Staatsmann, sondern auch ein Mann, der durch seine Fehler Menschlichkeit bewies und stets versuchte diese wiedergutzumachen. Der Aufstand des Jahres 1074 in Köln ist nicht allein Anno zuzuschreiben. Vielmehr sammelte sich bei den Kölner Bürgern Wut über viele verschiedene Dinge an und eskalierte auf Annos Kosten. Die Geschichte zeigt leider immer wieder, dass eine Gesellschaft oftmals einen Sündenbock braucht. Schlimmer ist, was nach dem Aufstand geschah, wie die Strafen, Hinrichtungen und Plünderungen. Auch hier ist nicht klar ersichtlich, ob diese Taten vollständig Anno zuzuschreiben sind. Auch wenn nur ein Bruchteil wahr ist, wäre dies für einen Kirchenmann schon schlimm genug, weswegen die „Bestrafung der Kölner"[69] ein großer Schandfleck in Annos Leben darstellt. Dass Anno zu solchen Taten durchaus hinzureißen war, beweist die Tatsache, dass er die Kölner durch seine immer wiederkehrenden Schandtaten nie komplett gewinnen konnte. Er griff oft in fremdes Eigentum ein, vertrieb Mönche und stahl Reliquien. Auch verhalf er seinen Verwandten zu hohen kirchlichen Ämtern.

Da es allerdings nicht viele Quellen gibt, die zur Lebenszeit Annos verfasst wurden bzw. von Personen zu Annos Lebzeiten, komme ich zu einem ähnlichen Urteil wie Lampert von Hersfeld, der Anno immerhin persönlich kannte und ihn schätzte.

Annos positiven Charakterzüge und Leistungen wiegen für Lampert mehr als seine Schwächen und Fehler. Er wurde heiliggesprochen, stiftete viele Abteien und Klöster und versuchte, durch nicht immer optimale und gerechte Methoden seiner Diözese, seinem König, seinem Reich und seiner Kirche Gutes zu tun. Seine guten Absichten und seine Erfolge habe auch ich erkannt und stufe sie als wichtiger und bedeutender ein. Auch der Chronist Lampert von Hersfeld erkannte Annos große Persönlichkeit und seine Schwächen und schrieb:„ Aber bei so vielen Vorzügen zeigte sich ein Fehler wie ein kleines Muttermal an einem schönen Körper"[70].

---

67 Düsterwald, Erich, S. 40
68 Sankt Anno und seine viel liebe statt: Schnitzler, Theodor, S. 106
69 Annalen von Lampert von Hersfeld, S. 249
70 Annalen von Lampert von Hersfeld, S. 239

9. Quellen und Literaturverzeichnis:

- **Busch, Gabriel (Hrsg.):** „Sankt Anno und seine viel liebe statt",
Siegburg, 1975
- **Düsterwald, Erich:** „Kleine Geschichte der Erzbischöfe und Kur-
fürsten von Köln (795-1801)", Sankt Augustin, 1974
- **Lampert von Hersfeld:** „Annalen"; Ausgewählte Quellen zur
Deutschen Geschichte des Mittelalters, Freiherr-Vom-Stein-Ge-
dächtnisausgabe, Darmstadt, 1957
- **Legner, Anton (Hrsg.):** „Monumenta Annonis", Köln, 1975
- **Lindner, Theodor:** „Anno II.", in: Allgemeine Deutsche Bio-
graphie (1875), [Onlinefassung]; URL: http://www.deutsche-bio-
graphie.de/pnd118503235.html?anchor=adb
- **Lück, Dieter:** „Erzbischof Anno II. von Köln: Standesverhältnis-
se, verwandtschaftliche Beziehungen und Werdegang bis zur Bi-
schofsweihe";
„Miszellen zur Geschichte Annos II. von Köln und ihre Quellen";
„Die Kölner Erzbischöfe Hermann II. und Anno II. als Erzkanzler
der Römischen Kirche", Sonderdruck aus: Annalen des Histori-
schen Vereins für den Niederrhein, Köln, 1970
- **Mittler, Mauritius (Hrsg.):** „Vita Annonis Minor", Siegburg,
1975
- **Oediger, Friedrich Wilhelm:** „Anno II., von Steusslingen", in:
Neue Deutsche Biographie 1 (1953), S. 304-306, [Onlinefassung];
URL: http://www.deutsche-biographie.de/pnd118503235.html
- **Struve, Tilman:** „Lampert von Hersfeld", in: Neue Deutsche Bio-
graphie 13 (1982), S.461-462, [Onlinefassung]; URL:
http://www.deutsche-biographie.de/pnd10095135X.html
- **Wattenbach, Wilhelm:** „Lambert von Hersfeld", in Allgemeine
Deutsche Biographie (1883), [Onlinefassung]; URL:
http://www.deutsche-biographie.de/pnd10095135X.html